北海道 夜汽車の記憶

番匠克久

室蘭本線｜有珠〜長和 Usu - Nagawa

「初夏の風、潮騒と共に」北斗星　室蘭本線｜大岸～豊浦　Ōkishi - Toyoura

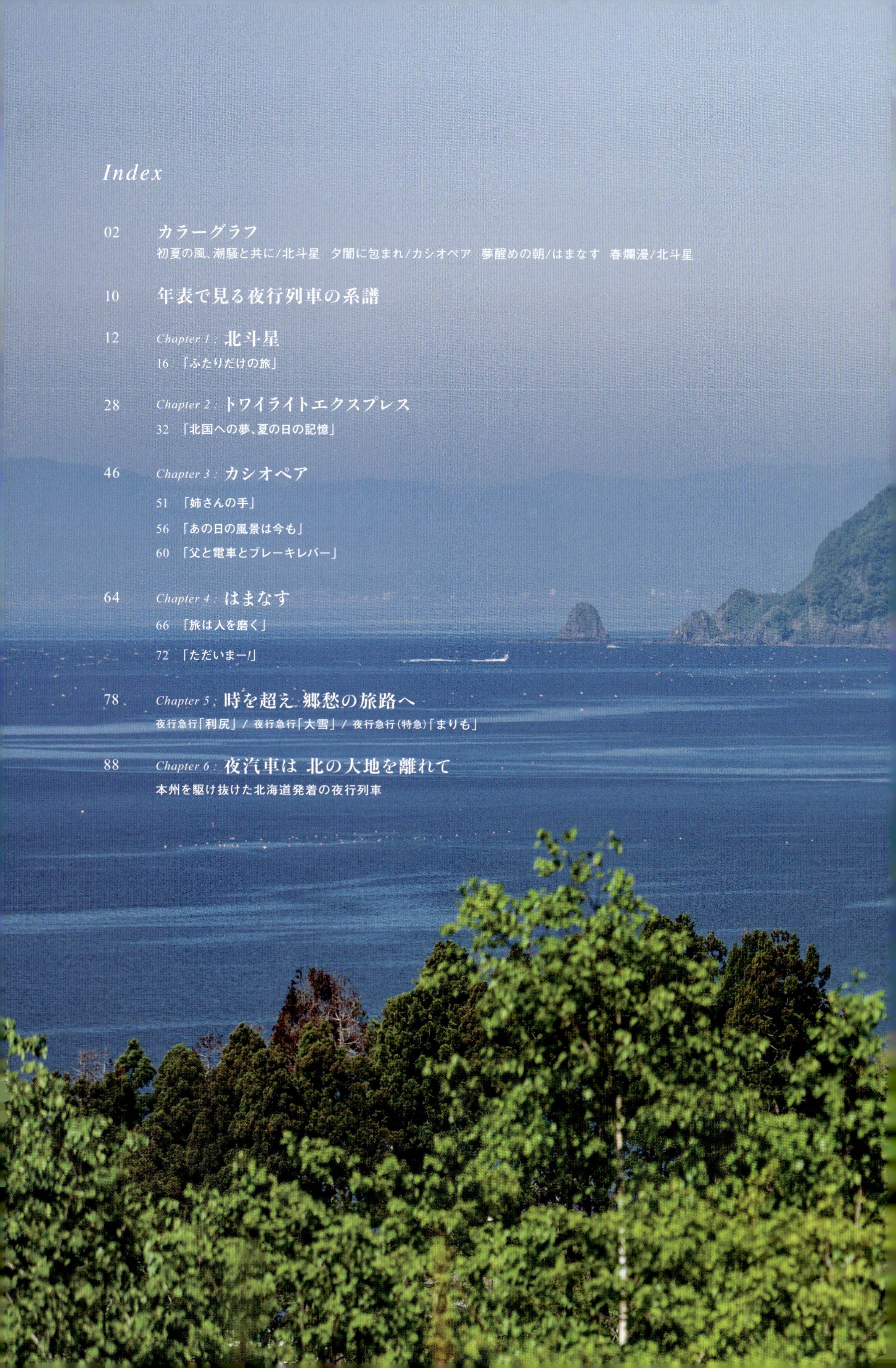

Index

02 カラーグラフ
初夏の風、潮騒と共に/北斗星　夕闇に包まれ/カシオペア　夢醒めの朝/はまなす　春爛漫/北斗星

10 年表で見る夜行列車の系譜

12 *Chapter 1 :* 北斗星
16 「ふたりだけの旅」

28 *Chapter 2 :* トワイライトエクスプレス
32 「北国への夢、夏の日の記憶」

46 *Chapter 3 :* カシオペア
51 「姉さんの手」
56 「あの日の風景は今も」
60 「父と電車とブレーキレバー」

64 *Chapter 4 :* はまなす
66 「旅は人を磨く」
72 「ただいまー!」

78 *Chapter 5 :* 時を超え 郷愁の旅路へ
夜行急行「利尻」/ 夜行急行「大雪」/ 夜行急行(特急)「まりも」

88 *Chapter 6 :* 夜汽車は 北の大地を離れて
本州を駆け抜けた北海道発着の夜行列車

「夕闇に包まれ」カシオペア　室蘭本線｜小幌〜礼文　Koboro - Rebun

「春爛漫」北斗星　東北本線｜大河原～船岡　Ōgawara - Funaoka

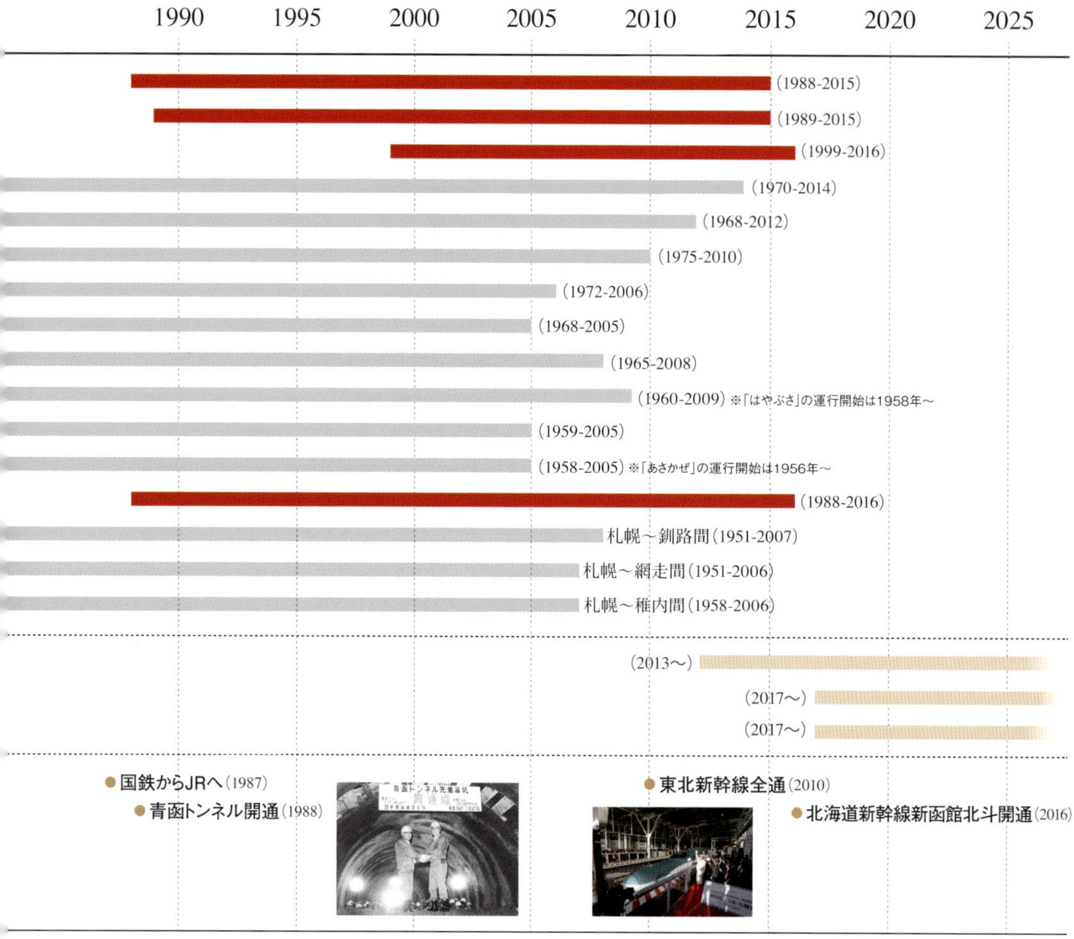

※青色客車の20系「あさかぜ」以降の夜行寝台特急＝ブルートレインを中心に抜粋して掲載。

受け継がれる夜行列車の輝き

鉄道のロマンとも言われ、北海道で最後まで走り抜けた四つの夜行列車は、昭和33年（1958年）の元祖ブルートレインの前身となる、東京～博多間の寝台特急「あさかぜ」から始まった。朝一番に目的地に到着する夜行列車は、当初はその利便性から日常的な利用も多くあったが、昭和39年（1964年）以降の新幹線各路線の開通や高速道路網の拡充による夜行バスの普及により、位置付けが変化していった。すなわち、速達性と言う意味では新幹線が上で、価格面では夜行バスが優位性を持っていったのである。

昭和50年（1975年）に蒸気機関車が全廃になるまでSLブームというものが存在したが、その後、新たな鉄道への想いを繋いだ、夜行列車「ブルートレイン」へと続いていく。鮮やかなブルーの長編成の車両と、独特のヘッドマークを掲げた力強い機関車を羨望の眼差しで見つめた、いわゆる「ブルトレブーム」が巻き起こり、当時の国鉄はこのブランド価値を活用し速達性や価格ではなく、列車旅自体を楽しんでもらう夜行列車を全国に拡充していった。

その最後のステージにあったのが、昭和63年（1988年）の青函トンネルの開通に合わせて誕生し、北海道と本州間を走り抜けた「北斗星」であり、それに続く「ト

年表で見る夜行列車の系譜

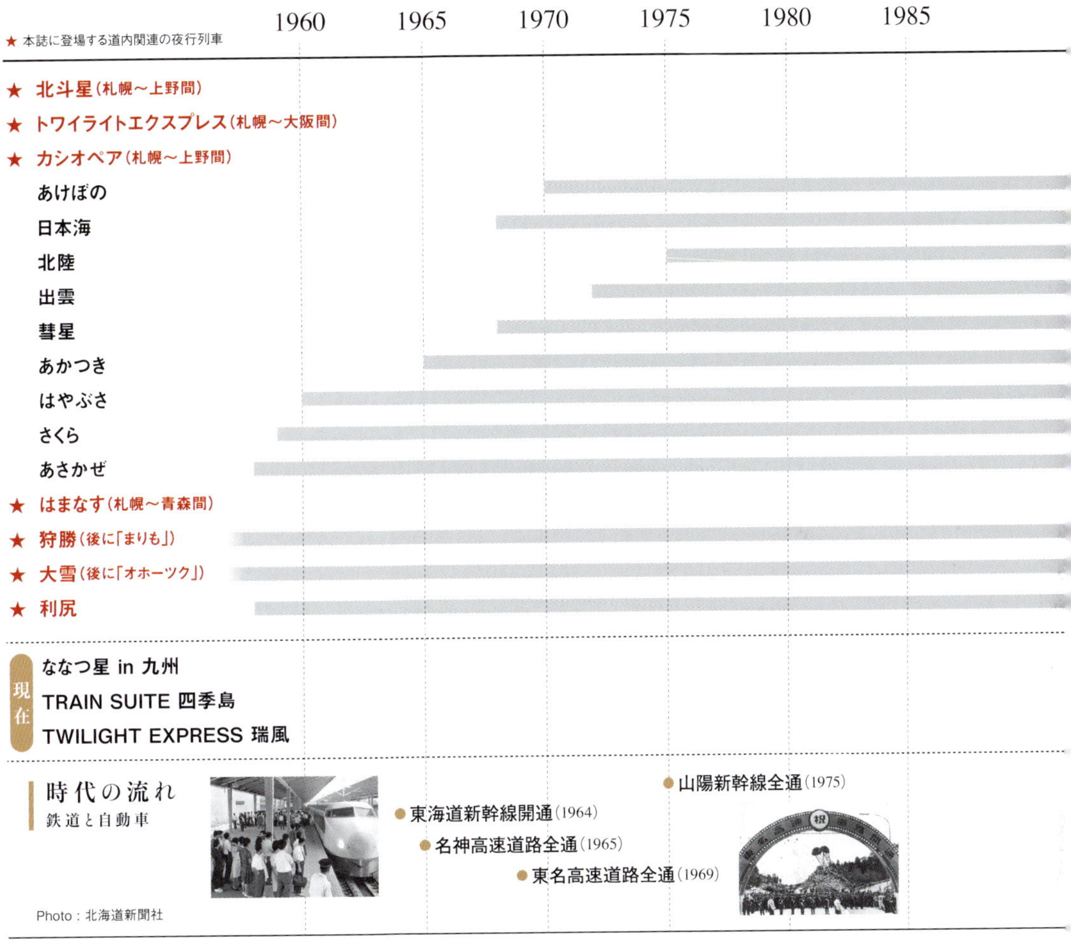

ワイライトエクスプレス」と「カシオペア」であった。この北海道と本州を結ぶ豪華寝台特急が成功を収めた一方で、全国的には、移動手段としては生き残ることが難しく、その後は車両の老朽化も相まって、寝台特急は徐々に引退していった。

　昭和33年（1958年）から運行した寝台特急「あさかぜ」に端を発したブルートレイン＝寝台特急は、本州内最後となった上野～青森間の「あけぼの」が平成26年（2014年）3月に廃止となり、翌平成27年（2015年）から28年（2016年）にかけて、車両の老朽化と北海道新幹線開業に伴う青函トンネル使用の関係で「北斗星」他が廃止となる。こうして全国のブルートレインは全廃という運命を辿ったのである。

　しかしこれは決して夜行列車の魅力が失われた訳ではなかった。目的地に早く到着するためだけなら新幹線や飛行機でよい。夜行列車の良さは、長時間、普通の列車では得られない快適な旅気分を味わえるところにある。最後まで走り抜けた道本間の夜行列車の良さは、その後、特別な鉄道旅を提供する「ななつ星in九州」などのクルーズトレインにしっかり引き継がれている。それは、これまでの定期列車とは比べ物にならないほど高い価格設定にもかかわらず、絶大な人気を博している。その位、大きな遺産を引き継いだ「北斗星」をはじめとする夜行列車は、今も色褪せることなく記憶の中に存在している。

CHAPTER 1
夜汽車の記憶
Memories of Night Train

北斗星

「北斗星」という列車があった

北極星と北斗七星をイメージしたであろうその列車名は、公募で決められた。
千葉神社や妙見《みょうけん》山などには「妙見様」という北極星の神様が祀られており、「妙見様」は芸能の神様でもあることから、芸能人がお参りに来ることもあるという。
そんな「北斗星」も、まさに夜汽車のスターであった。

Hokutosei

室蘭本線｜有珠〜長和　Usu - Nagawa

室蘭本線｜礼文～大岸　Rebun - Ōkishi

ふたりだけの旅

帯広市／稲垣　裕一郎

「寝台列車に乗りたいか？」

突然、父からそんなことを訊かれた。

どうやら出張で東京に行くことになり、行きは寝台列車、帰りは新幹線に乗るらしい。

当時の私は小学校1、2年生くらいだったと思うが、ちょうど鉄道に興味を持ち始めていた頃で、父はそれを察して誘ってくれたのだろう。

しかし、私は行かなかった。

実際に乗って楽しむというより、この頃はただ写真を見ているだけで十分だったからだ。

こうして、父とふたりだけの旅は実現しなかったが、今思えば、あの時の父はどんな思いで私の返事を聞いたのだろう。

甘えん坊で母親べったりだった私は、幼少期に父と遊んだ記憶があまりない。家族で日帰り旅行にはよく行ったりもしたが、やはり遊び相手は母や祖母ばかりで、もしかすると知らず知らずのうちに父とは距離ができていたのかもしれない。

父がそのような息子との距離を、出張を通じて縮めようとしていたのだとしたら…。

それから数十年。私は結婚して娘を授かったが、幼い頃の愛娘とふたりだけの旅をする機会はなかった。だからこそ、幼い我が子とふたりだけの時間が、どれだけ大切でかけがえのないものであったのか、今なら理解できる。

そう思うと切なさは募るばかりで、あの頃に戻れないもどかしさなども相まって、父に対して申し訳ない気持ちが溢れてくる。

結局、父とふたりだけの旅はこれまで一度も実現していない。この先も難しいかもしれないが、いつか叶うことを信じたい。

さて、年老いた父はあの日のことを覚えているのだろうか。

案外、こんな風に答えるかもしれない。

「さあね…、そんなことあったかなぁ？」

室蘭本線｜大岸～豊浦　Ōkishi - Toyoura

峡線特急寝台客車
北斗星
カードキー
JR東日本

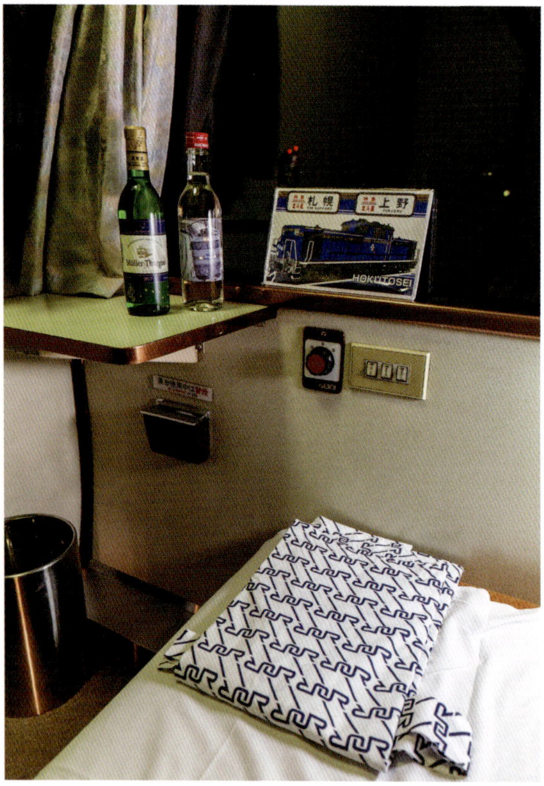
札幌
上野
HOKUTOSEI

GRAND CHARI

DD51 1142
北斗星

北斗星

DD51 1148
日立

寝台特急
北斗星
19:03
札幌行
10号車
ロイヤル・デュエット
A・B寝台
10
札幌

LOBBY CAR

函館本線｜札幌〜苗穂　Sapporo - Naebo

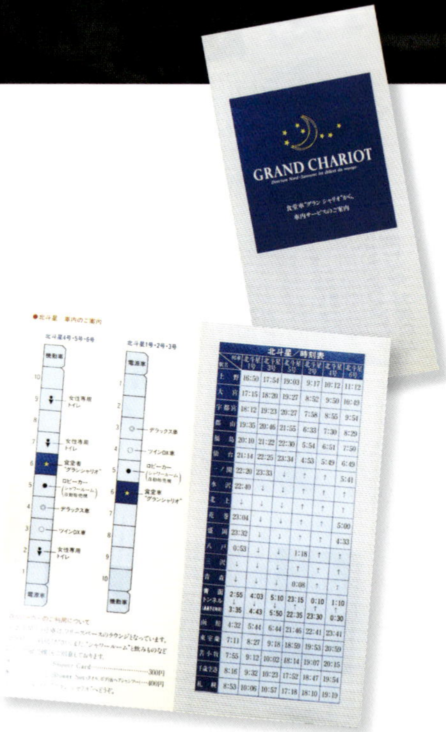

函館本線｜桑園〜札幌　Sōen - Sapporo

長万部 Oshamambe

函館本線｜大沼公園～赤井川　Ōnumakōen - Akaigawa

お気に入りの
「おもちゃ」も素敵だけど
写真の中で笑っているキミが見た
あの日の旅は
もっと大切な宝物なんだ

そして　大きくなった時
その旅の記憶に触れるたびに
楽しかった思い出だけじゃなく
その中に詰まった
温もりや愛情にも
きっと気づく日が来るよ

まあ　今のキミには
まだちょっと
難しいかもしれないけどね

二〇一五年三月

大粒のぼたん雪が最後の

「北斗星」を包み込む

真っ白な世界に溶け込んでしまうその前に、

こころの記憶にそっとしまっておこう

北の夜空を見上げると、きっとまた思いだす

この日みた最後の姿を

白石　Shiroishi

北斗星スクエア（宿泊施設）｜茂辺地　Moheji

時刻表

2014年頃

上り	駅	下り
17:12	札幌 *Sapporo*	11:15
17:45 17:46	南千歳 *Minami-Chitose*	10:41 10:41
18:05 18:06	苫小牧 *Tomakomai*	10:21 10:20
18:35 18:38	登別 *Noboribetsu*	9:51 9:50
18:52 18:54	東室蘭 *Higashi-Muroran*	9:36 9:34
19:12 19:13	伊達紋別 *Datemombetsu*	9:16 9:11
19:26 19:26	洞爺 *Tōya*	8:59 8:59
19:57 19:57	長万部 *Oshamambe*	8:29 8:29
20:21 20:21	八雲 *Yakumo*	8:05 8:05
20:47 20:47	森 *Mori*	7:38 7:38
21:38 21:49	函館 *Hakodate*	6:49 6:35
4:51 4:53	仙台 *Sendai*	23:30 23:28
5:53 5:55	福島 *Fukushima*	22:29 22:27
6:38 6:39	郡山 *Kōriyama*	21:53 21:52
8:10 8:12	宇都宮 *Utsunomiya*	20:29 20:27
9:32 9:34	大宮 *Ōmiya*	19:30 19:28
10:05	上野 *Ueno*	19:03

北斗星

HOKUTOSEI

運転期間	：	1988年～2015年
運転区間	：	上野～札幌間（1,214.7km）
所要時間	：	約16時間
主な編成	：	A寝台1人用個室ロイヤル A寝台2人用個室ツインデラックス B寝台1人用個室ソロ B寝台2人用個室デュエット 2段式B寝台
車内施設	：	食堂車「グランシャリオ」 ロビーカー

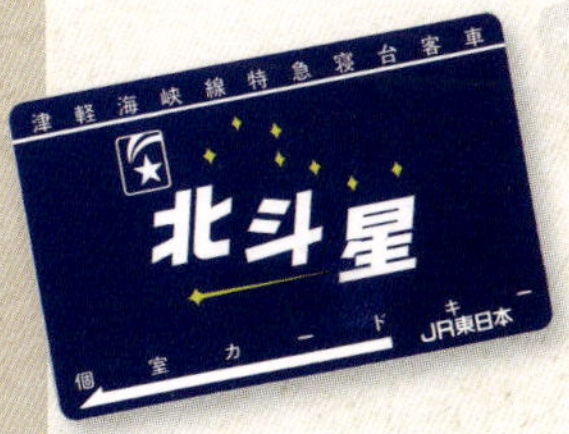

CHAPTER 2

夜汽車の記憶

Memories of Night Train

トワイライト エクスプレス

Twilight Express

列車に揺られる時間が心の傷を癒やしてくれるのかもしれない

映画「男はつらいよ」の寅さんは、マドンナにふられる度に夜汽車に乗って旅に出る。
「男はつらいよ」シリーズが始まった1960年代は夜行列車全盛時代。
寅さんは翌朝から元気よく旅先で露天商の商売を始める——。
夜汽車で過ごす旅の時間が、寅さんの心の傷を癒すのである。

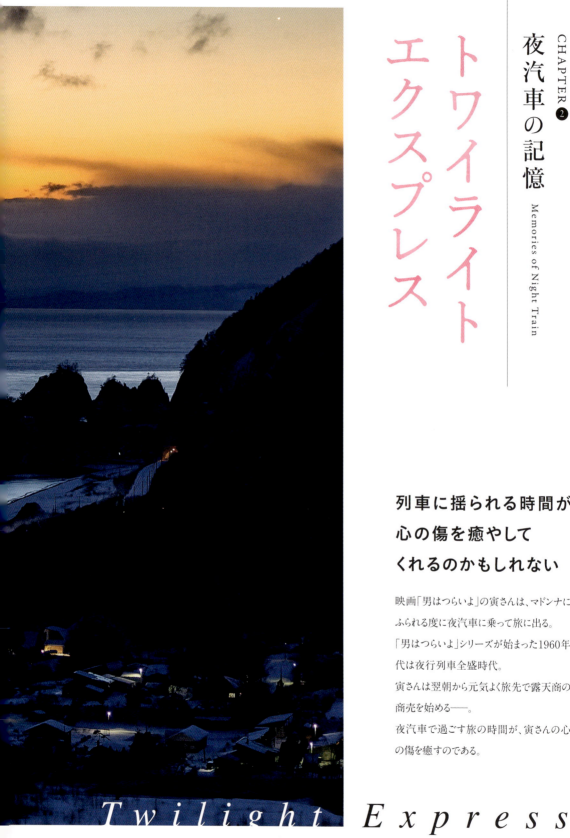

室蘭本線｜大岸　Ōkishi

室蘭本線｜小幌〜礼文　Koboro - Rebun

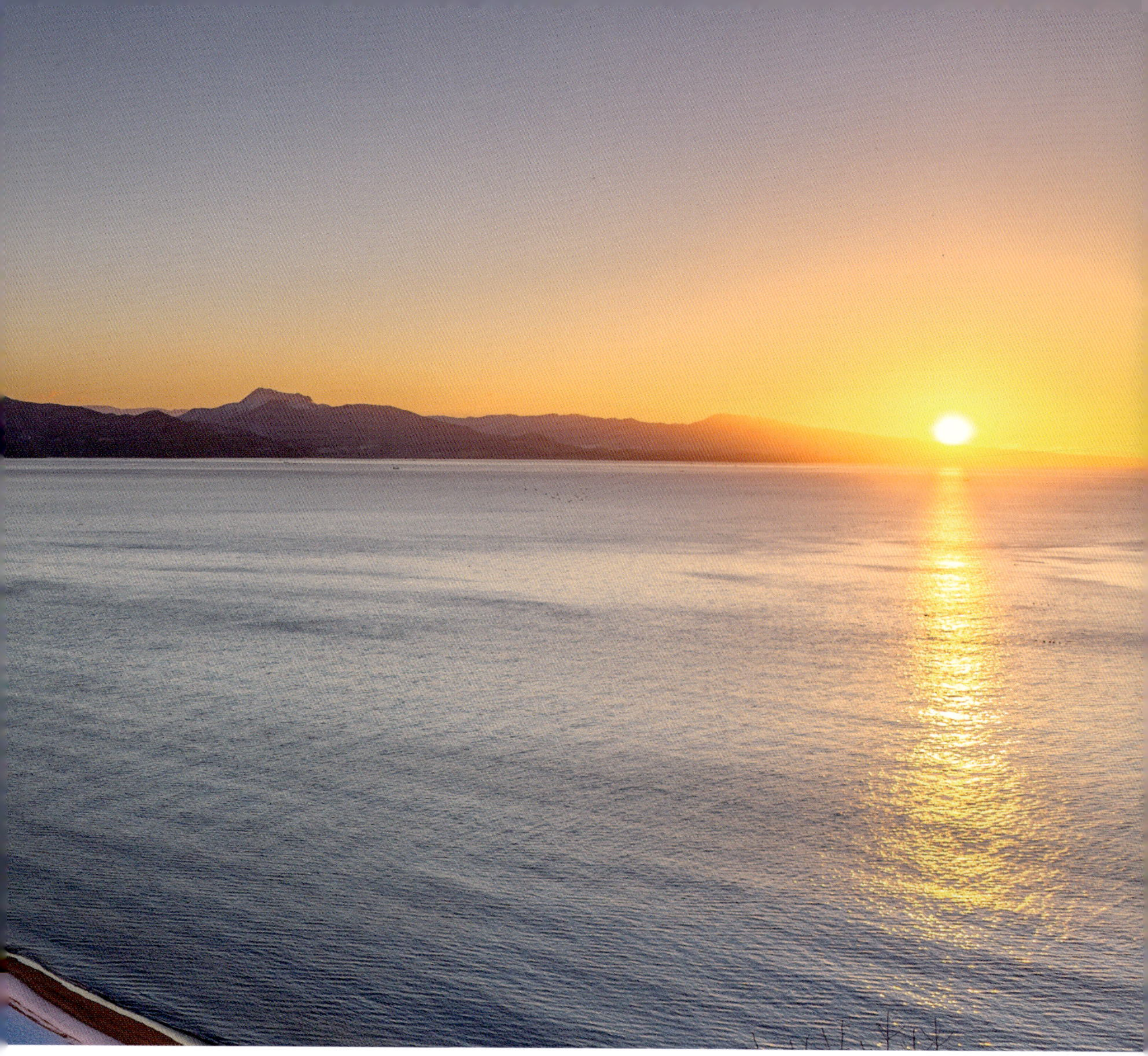

北国への夢、夏の日の記憶

西宮市／久原 正裕

日々、ただ淡々と過ぎていくある日のことだ。何気についていたテレビが目に止まった。

「北海道ラベンダーファーム」

大学生だったあの夏、仲のいい友人と北海道へ旅した。お金はないが、時間だけはたっぷりある。夜行列車を乗り継ぎ、北海道の大地を満喫して回った。

旅の途中、立ち寄った中富良野のラベンダーファーム。花にあまり興味のない私をよそに、彼は夢中でシャッターを切り続けていた。

立ち寄ったログハウス調のギャラリー兼喫茶店。観光客でごった返す店内。壁には、北海道の雄大な風景写真が飾られている。

そして、彼は唐突に言った。

「俺、北海道に住むわ」

「俺、北海道に住んでこんな写真を撮って、喫茶店をやる」

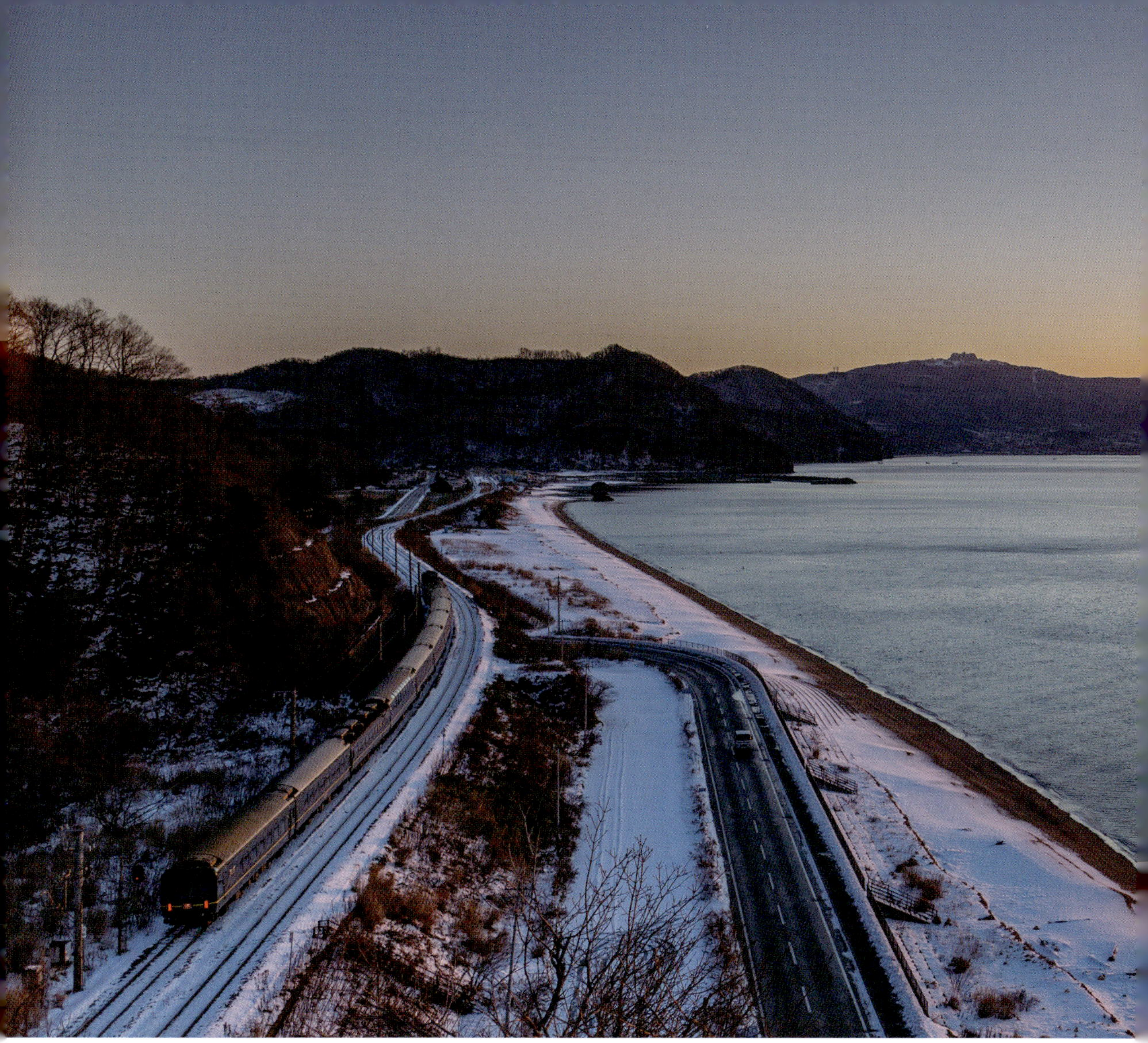
室蘭本線｜礼文〜大岸　Rebun - Ōkishi

「はぁ？」
何を言っているんだと思う私をよそに、真剣な顔で語り続ける。
「北海道に住んで、大自然の中を走る列車の写真を撮って、厳しい環境の中を生き抜く野生動物の写真を撮って、それでギャラリーを併設した喫茶店を経営して…」
何かにとりつかれたように熱く語り続けた。

あれから数十年。

何の冗談かと思っていたあの日の話を、彼は現実にしていった。
北海道に移り住み、列車の写真を撮り写真集を出版した。時には、野生動物の写真がうまく撮れたと言って、嬉しそうに電話をくれた。
ギャラリーは持たなかったが、東京や大阪で個展も開いた。北海道でよき伴侶を見つけて家族を築き、有意義に暮らしている。

今日も足早に仕事に向かう。
彼のことを思い出しながら、ふとあの日のラベンダーの香りが脳裏によみがえった。

B-Class Room
7号車
B-6

さっぽろ

トワイライトエクスプレス
Twilight Express
大阪
ŌSAKA
6号車

WEST JAPAN
Twilight Express
JR

室蘭本線｜大岸〜豊浦　Ōkishi - Toyoura

函館本線｜落部～野田生　Otoshibe - Nodaoi

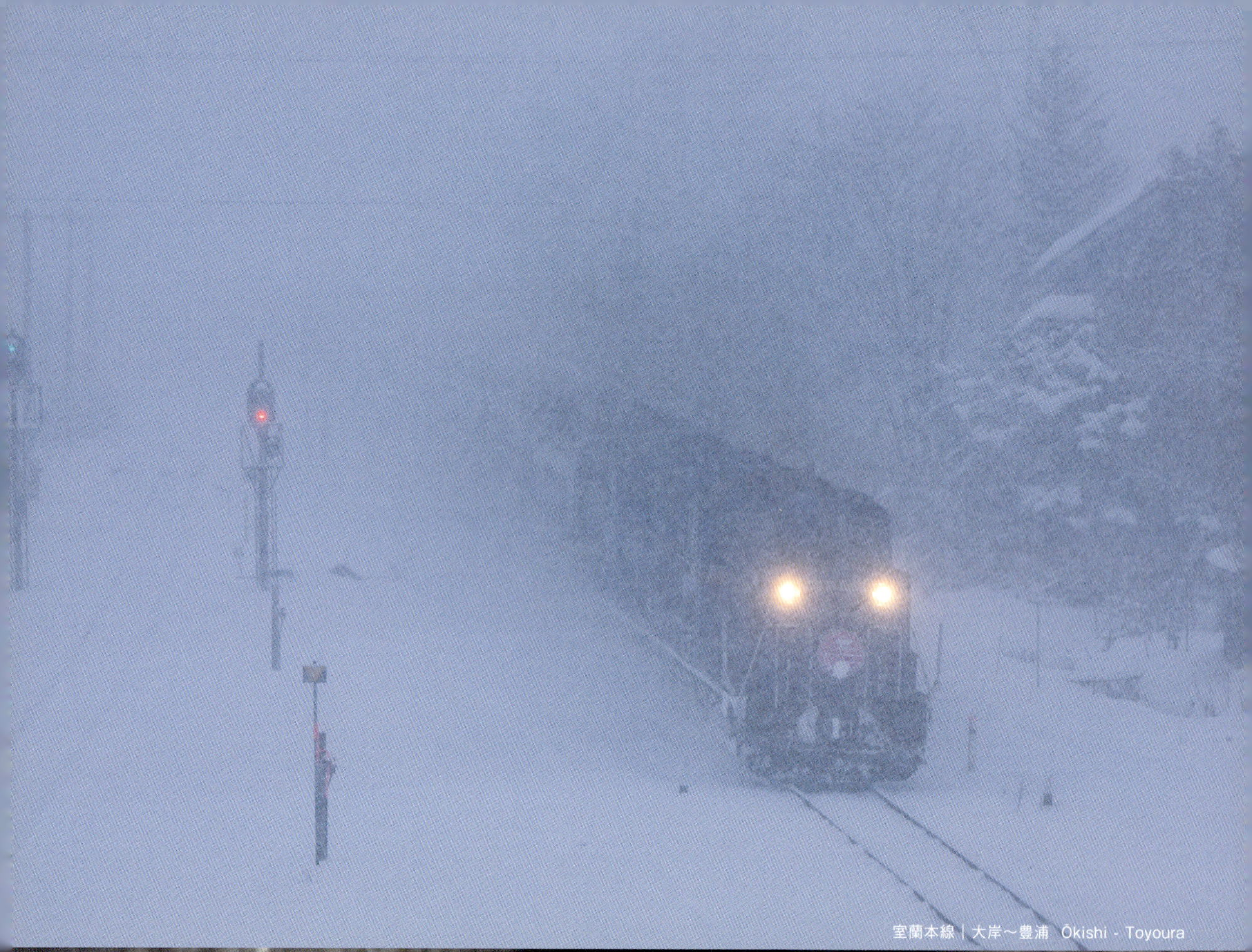
室蘭本線｜大岸〜豊浦　Ōkishi - Toyoura

室蘭本線｜礼文〜大岸　Rebun - Ōkishi

室蘭本線｜大岸～豊浦　Ōkishi - Toyoura

道南いさりび鉄道｜渡島当別〜釜谷　Oshima-Tōbetsu - Kamaya

車輪が線路を弾く音が
心地よいリズムとなって
夜汽車は微睡《まどろ》みの
揺りかごへと変わる

大企業のお偉いさんも
帰省する学生さんも
傷心旅行のお姉さんも
お母さんと赤ん坊も——

ガタタン　ゴトン
ガタタン　ゴトン

今夜はみんな
同じリズムに揺られてる

おやすみなさい
すてきな旅の　よい夢を

おやすみなさい
夜が明けたら　そこは終着駅

室蘭本線｜登別 Noboribetsu

室蘭本線｜登別 Noboribetsu

函館本線｜七飯〜大沼 Nanae - Onuma

時刻表

2014年頃

上り	駅	下り
14:05	札幌 *Sapporo*	9:52
14:39 14:39	南千歳 *Minami-Chitose*	9:11 9:10
14:59 15:00	苫小牧 *Tomakomai*	8:50 8:50
15:32 15:32	登別 *Noboribetsu*	8:12 8:11
15:48 15:50	東室蘭 *Higashi-Muroran*	7:54 7:52
16:23 16:33	洞爺 *Tōya*	7:18 7:18
4:33 4:40	新津 *Niitsu*	19:45 19:43
5:17 5:29	長岡 *Nagaoka*	19:04 19:02
6:25 6:27	直江津 *Naoetsu*	18:06 17:56
8:01 8:03	富山 *Toyama*	16:32 16:30
8:18 8:18	高岡 *Takaoka*	16:14 16:14
8:49 8:51	金沢 *Kanazawa*	15:40 15:37
9:54 9:56	福井 *Fukui*	14:40 14:39
10:36 10:52	敦賀 *Tsuruga*	13:48 13:46
12:15 12:18	京都 *Kyōto*	11:25 11:24
12:47 12:48	新大阪 *Shin-Ōsaka*	11:56 11:55
12:53	大阪 *Ōsaka*	11:50

トワイライトエクスプレス

TWILIGHT EXPRESS

運転期間 ： 1989年～2015年

運転区間 ： 大阪～札幌間
のぼり／1,508.5km　くだり／1,495.7km

所要時間 ： のぼり／約22時間50分　くだり／約22時間

主な編成 ： A寝台1人用個室ロイヤル
A寝台2人用個室スイート
B寝台2人用個室ツイン
B寝台1人用個室シングルツイン
Bコンパートメント

車内施設 ： 食堂車「ダイナープレヤデス」
サロンカー「サロンデュノール」

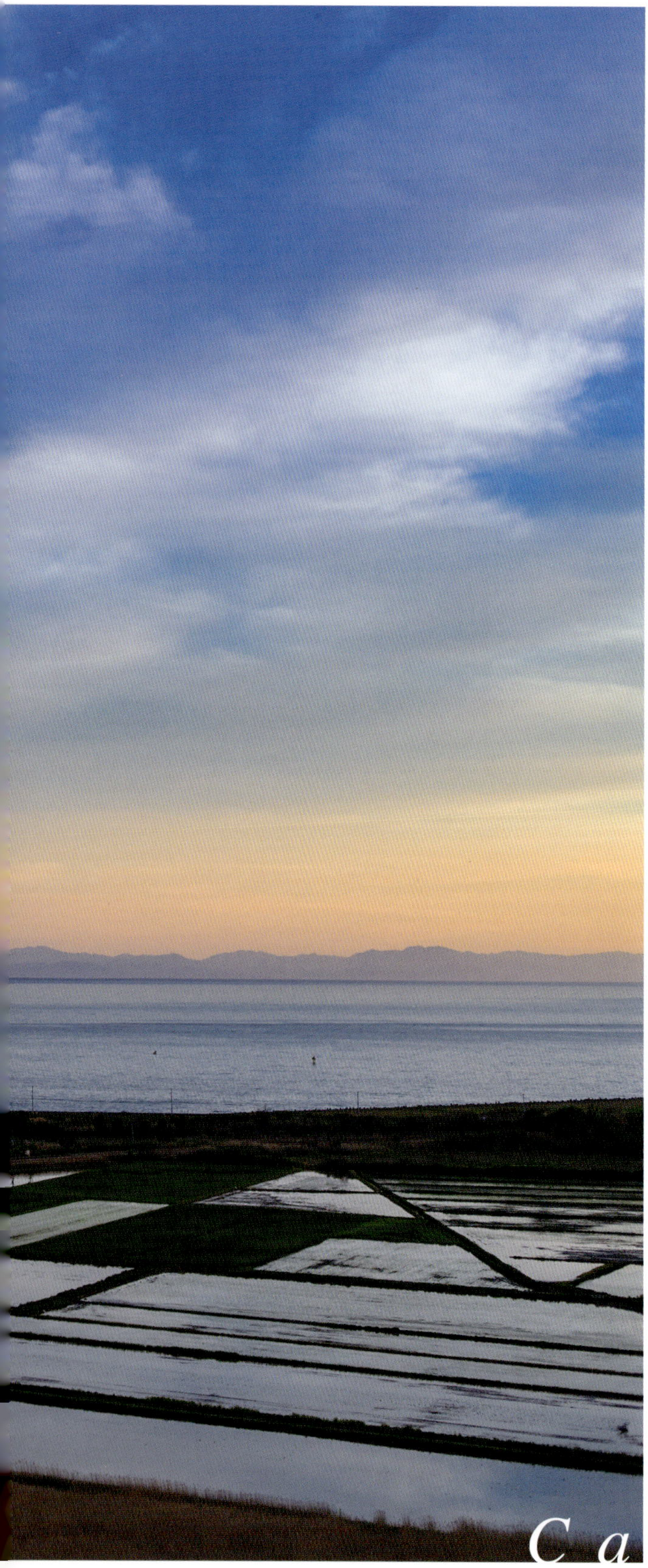

CHAPTER 3

夜汽車の記憶

Memories of Night Train

カシオペア

夜汽車で過ごす時間は
日常とは違った
味わいと趣きがある

夜汽車で過ごす時間は長時間。
夜通し長距離を走るのも、新聞を降ろすのも、運転停車するのも長時間。
選挙区へ赴く議員さん、歌手の巡業、ビジネスマンや帰省する人、学生や就活、そして旅行――。
夜汽車に乗って長く揺られる人たち、そしてその目的もさまざまだ。

Cassiopeia

室蘭本線｜有珠〜長和　Usu - Nagawa

列車の窓から見える
暮れた空
星夜に導かれる旅路は
カシオペアの瞬きが
道標となる

列車は流れるように
線を引きながら
レールを奏で
さまざまな乗客の
想いを乗せ
夜の地平線に消えてゆく

そんな一瞬の光景を
細い三日月だけが
静かに見ていた

千歳線｜上野幌〜北広島 Kami-Nopporo - Kita-Hiroshima

千歳線｜上野幌～北広島　Kami-Nopporo - Kita-Hiroshima

姉さんの手

釧路市／木島 誠悟

姉の手を離さぬように、ぎっちりと握る。

ネオンが輝くパチンコ屋からにぎやかな音が溢れ出し、奥からは歌声とお酒の匂いが流れ出る。すっかり暗くなった駅裏通りを9歳の姉と6歳の僕は急ぎ足で通り抜け、鉄橋の階段を駆け上がる。蒸気機関車の吐き出す煙をかき分け、駅の鉄道管理局の入り口を目指す。守衛室の父を見つけて合図を送ると、隣の小さなドアを指差し二人を迎える。

「ご苦労さん、気を付けてお帰り」と無口な父は、まだ温かい母からのお弁当を受け取り、引き替えに空の弁当箱と十円ずつの駄賃をふたりの手に握らせてくれる。

そしてまた帰宅途中の会社員や学生たちとすれ違いながら、いま来た鉄橋を再び渡り、人通りがさらに多くなった駅裏通りへ戻る。次に目指すは「お焼き屋さん」だ。赤い大きなちょうちんに「お焼き」の三文字が美味しそうに風に揺れ光っていた。姉は、店頭で焼いているおばさんに二つ注文し、できたばかりのお焼きが入った紙袋を抱え、僕に一つを渡してくれる。

光と音と人々の中で、思わず熱々を頬張る。歩き食いは母には行儀が悪いと怒られるが、腹ぺこの二人にとっては、パリパリの皮から溢れ出る、湯気の立つ粒あんの甘さは、どれほど幸せにしてくれたことか。口の中で、熱さと甘さの余韻を楽しみながら、再び駅裏通りを歩きながら、お腹の中で広がる満足感と、父と僕たちだけの秘密を噛みしめて、遠くでかすかに聞こえる汽笛とともに姉と手を繋ぎ、夜道を家に向かうのだった——。

姉の手を離さぬように、ぎっちりと握る。
どこにも行くなと、ぎっちり握る。
細く薄くなってしまった姉さんの手。

とても食べることはできそうもないけれど、あの日の懐かしい「お焼き」を病室に持っていった。姉はうなずくだけで、目の力が弱い。

美空ひばりの歌が得意な姉でした。
コーラのおいしさは姉が教えてくれました。
センスと趣味がとても良かった姉でした。
女性の厳しさを理解させてくれたのも姉でした。

丘の上に立つ病院の帰り道、観光列車の汽笛だろうか、夕空に微かに響いていた。

病室の姉には聞こえる筈もないけれど、持っていった、食べることのできない「お焼き」のおいしさを、駅裏通りのざわめきと鉄橋の上で嗅いだ汽車の煙と一緒に思い出してくれるだけで、僕は嬉しいのです。

室蘭本線｜本輪西　Moto-Wanishi

函館本線｜函館　Hakodate

10
8
CASSIOPEIA

1

苫小牧・函館・上野・帯広・釧路方面
普通 15:47 千歳 4番線
この列車は3両編成です。
特急すずらん 6号 16:06 室蘭 9番線
寝台特急カシオペア 16:12 上野 4番線
普通 16:16 苫小牧 5番線
5~10
1~4

あの日の風景は今も

弟子屈町／大道 昭子

私が生まれ育った場所は、ある観光地の温泉駅前だった。家は駅の真正面にあり、毎日、列車の音で目覚め、列車の音で眠りにつくような生活を送っていた。夜になると貨物列車が駅を通過するたびに、その振動で家が揺れ、窓枠がガタガタと音を立てた。

当時、家は「待合所」という名の食堂兼みやげ物屋でもあり、母が主に切り盛りしていて、週末には私も店に出て手伝いをすることがあった。

1960年代後半から70年代にかけて、観光シーズンの最盛期である7月や8月になると、『カニ族』と呼ばれる学生たちが横長で大きなリュックサックを背負っているのを見かけたものだった。汽車の中や駅は人であふれ、待合室に寝袋を敷いて夜を明かす人もいるほどの盛況ぶり。臨時列車も増便され、そのおかげで店も繁盛し、たくさんの学生や旅行客が来ては母の作るラーメンを食べていった。

一方、私の父は国鉄の鉄道員で線路の管理をする仕事をしていた。外での作業が多かったため、父は真っ黒に日焼けし、仕事で汚れた服と相まって、さながら熊のような風貌だった。

私が高校生だったある日、父に「今度の週末、線路の草取りのアルバイトをしないか」と誘われた。母の手伝いはしていたが、父の手伝いはしたことがなかったので、お小遣い欲しさに「いいよ」と答えた。

千歳線‖北広島～島松 Kita-Hiroshima - Shimamatsu

季節は初夏。鉄のレールや線路脇に敷き詰められた石が太陽の熱を吸収し、両脇に鬱蒼と茂る青い草いきれが一層息苦しく感じられる。汗だくになりながらやっとの思いで終えた記憶しかなかったが、いつもきれいに整備された線路が当たり前ではないことを知り、父の仕事の大変さを理解するきっかけとなった。それから数年後、私は結婚し、この家を離れることになった。

2024年。とても久しぶりに駅前に来た。あの頃、大勢いた学生や旅行客はどこにも見当たらない。生まれ育った家も、母を手伝った食堂も、今は違う建物に変わり、すっかり長閑な駅前になっていた。

少し寂しい気持ちになりながら空を見上げると、あの頃と何ひとつ変わらない山が見えた。

学生の頃、汽車通学の車窓からこの山稜が見えると、「家に帰ってきた」という気持ちになり、私にとって安堵を感じる目印のような山だった。四季の移ろいは、古びた列車の窓枠が額縁に見え、まるで絵画のように素晴らしい景色を見せた。列車から降り、いつもの改札を抜けて駅を出れば、たくさんの旅行客で賑わう声が聞こえ、目の前の家には日焼けした父がいて、忙しそうにラーメンを作るやさしい母がいた。

毎日のようにここで聞いていた「ゴットン、ゴットン」という列車の音がまるで鼓動とシンクロするかのように、二度と戻れないこの場所の記憶すべてが、鉄道とともに過ごした私の——私たち家族の原風景なのだと、しみじみと思うのだった。

函館本線｜仁山〜大沼　Niyama - Ōnuma

父と電車とブレーキレバー

宝塚市／坂　剛

「走行する」ということは、「生きる」ことそのものかもしれない――。

「僕は電車の運転免許は持っているけど、車の免許は持ってないんだ」。そう言った父は新卒で鉄道会社に就職し、その後、電車の運転免許を取った。

子供の頃、父はよく電車の仕組みや運転の仕方を楽しそうに話してくれた。

「電車は止めるのが難しいんだよ」

「何で？」

「慣性の法則が働くからさ」

小学生の私には、いきなり高校で習うことで説明されても全くわからなかった。そんな私にお構いなく、父は専門的な説明を続ける。

「電車はマスターコントローラーとブレーキレバーの2つで操作する」

「加速するときはブレーキを緩めて、パンタグラフで架線から集電した電気をマスコンハンドルを操作してモーターに流す」。しまいには「架線に触ったら感電して死ぬぞ」ということまで。

電気についても中学のカリキュラムだし、あんなに高いところに位置する架線に触れる機会があるとも思えなかった。

「減速するときはマスコンハンドルで電気を切って回生ブレーキを働かせる。それと同時にブレーキレバーの操作で圧縮空気の空気圧を調整し、その空気圧の力で制動する」

回生ブレーキ？　ますます難解だった。

昔の鉄道路線は踏切が多く、踏み切り待ちをしていると間近に電車の足回りがよく見えた。そのため車輪とブレーキシューが接触して鉄粉が飛散する様子から制輪子がブレーキの機能を果たしていることは何となく理解できた。

「ブレーキを掛けるときは、いきなりフルにかけるのではなく、少しかけては緩め、また少しかけては緩めを繰り返すんだ。そして最後に抜く。それでピタッと停止位置に止めるんだ。車内に置いたコップに入れた水がこぼれないように止めるのがうまい運転ってことだよ」

止めるのが難しいとは、単に止めるだけでなく、正確にスムーズに止めるのが難しいということを子供心に何となく感じたのだった。

約半世紀後、その父が臨終を迎えたとき、ブレーキを抜くときのようなシューという音とともに最後の息を吐きだしたように見えた。その顔には人生の運転を無事終え安堵したかのような表情が浮かんでいた。

「うまい運転だったよ」

私はそう心の中で呟き、父のゴツゴツした手をやさしく握った。

室蘭本線｜小幌～礼文　Koboro - Rebun

室蘭本線｜伊達紋別～北舟岡 Datemombetsu - Kita-Funaoka

時刻表

2015年頃

上り	駅	下り
16:12	札幌 Sapporo	11:15
16:45 16:46	南千歳 Minami-Chitose	10:41 10:40
17:06 17:06	苫小牧 Tomakomai	10:20 10:20
17:37 17:37	登別 Noboribetsu	9:49 9:48
17:54 17:57	東室蘭 Higashi-Muroran	9:34 9:32
18:23 18:29	伊達紋別 Datemombetsu	9:12 9:11
18:43 18:43	洞爺 Tōya	8:59 8:59
19:15 19:15	長万部 Oshamambe	8:29 8:29
19:50 19:51	八雲 Yakumo	8:05 8:05
20:17 20:18	森 Mori	7:38 7:38
21:06 21:12	函館 Hakodate	6:49 6:35
-- --	盛岡 Morioka	23:16 23:14
-- --	一ノ関 Ichinoseki	22:08 22:06
4:33 4:35	仙台 Sendai	20:59 20:57
5:36 5:38	福島 Fukushima	19:52 19:50
6:15 6:17	郡山 Kōriyama	19:13 19:12
7:50 7:52	宇都宮 Utsunomiya	17:48 17:46
9:00 9:02	大宮 Ōmiya	16:45 16:43
9:25	上野 Ueno	16:20

下り

カシオペア

CASSIOPEIA

運転期間	：	1999年～2016年
運転区間	：	上野～札幌間（1,214.7km）
所要時間	：	約16時間
主な編成	：	A寝台2人用個室カシオペアスイート A寝台2人用個室カシオペアデラックス A寝台2人用個室カシオペアツイン カシオペアコンパート（2名分）
車内施設	：	ダイニングカー（食堂車） ラウンジカー

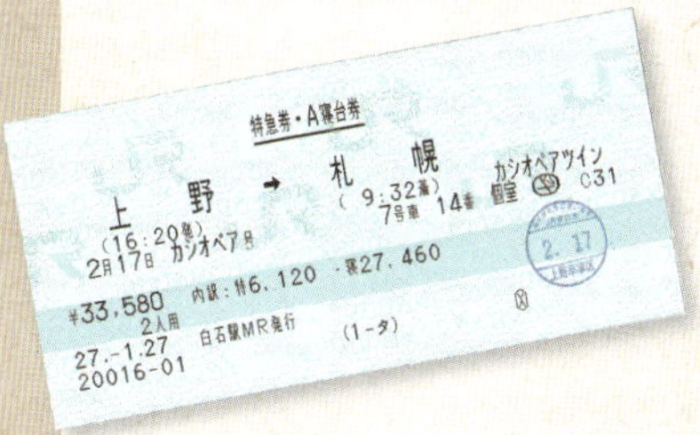

CHAPTER 4

夜汽車の記憶

Memories of Night Train

はまなす

ハートブレイク沁みる夜汽車のシーンは洋の東西を問わない

ロバート・ジョンソンの"Love in Vain"は別れの歌だ。
「青い灯りは俺のブルースで、赤い灯りは俺の心だった。俺の愛は全て無駄だったのだ」汽車が残した青と赤、二つの灯りによって夜汽車のシーンが聴く者の脳裏に浮かび上がる。昼間の電車では別れや悲しみの情緒は出ないであろう。

Hamanasu

室蘭本線｜洞爺〜有珠　Tōya - Usu

旅は人を磨く

東京都世田谷区／番匠 希築

２０１２年夏、大学2年生の私は、翌年一年間休学して世界一周の旅に出ることを決意した。それは単なる旅行ではなく、自分の限界を試し、まだ見ぬ世界で新たな自分を見つけるための旅だった。

その計画を両親に打ち明けると、父は少し考えた後、「半年間は語学留学に充て、残りの半年で世界を巡ってこい」と言ってくれた。父の言葉には、成長を信じ、旅に出る私を心から応援してくれる思いが込められていた。

２０１３年4月、世界一周の旅に出発した。西欧での半年間の留学生活を終え、大西洋を越え、北米、中南米、そして広大な太平洋を渡り、32カ国を巡った。旅の中で何度も感じたのは、この世界がどれほど広く、多様であるかということだった。各地で出会った人々の笑顔や、彼らが紡ぐ文化の温かさに触れるたびに新たな感動が刻まれていった。見知らぬ国々で味わった驚きと発見が、新しい視点と生きる力を与えてくれた。

２０１３年10月、ジョージアの首都トビリシからアゼルバイジャンの首都バクーまで、約12時間で、夜行列車の旅をした。

二段ベッドの上段に横たわり、夜の静寂に包ま

れながら、異国の地で自分と向き合う時間が流れた。列車は国境を越えるため、真夜中に降り立ち、冷たい夜風を感じながら入国審査を受けた。夜中のため多少の不安もあったが、同時に、まだ見ぬ異国の地にいることを強く実感した。下の段にいたトルコ人風の男性とは言葉を交わさなかったが、列車の静けさの中で感じた彼の存在が、今でも不思議な安心感と共に心に残っている。

　南米に渡ると、特にマチュピチュへの旅が私の心に深く刻まれた。クスコで出会った日本人大学生6人と共に、「スタンド・バイ・ミーコース」と呼ばれる線路歩きを選んだ。約10キロ、6時間の道のりは、ただの移動ではなく、同じ目標に向かう仲間と共に過ごす特別な時間となった。

　鉄橋を渡り、トンネルを抜け、列車が通り過ぎるのを待ちながら、私たちは笑い、語り合った。その時、同じ空間と時間を共有することの幸せを強く感じた。マチュピチュの壮大な風景を前にして、私たちが感じた達成感と絆の深さは、旅の中での大切な想い出の一つとなっている。

　今でも彼らとの交流は続いており、その出会いが私の人生においての宝物となっている。

千歳線｜植苗〜沼ノ端　Uenae - Numanohata

B 寝台

はまなす

はまなす

Departure
OTARU
4
のびのびカーペット

札幌駅

Sapporo Station

室蘭本線｜苫小牧 Tomakomai

室蘭本線｜登別 Noboribetsu

室蘭本線｜東室蘭　Higashi-Muroran

函館本線｜札幌～苗穂　Sapporo - Naebo

ただいまー！

富良野市／大槻　みどり

夜行列車はまなすが札幌駅に到着したのは朝6時20分、実家まではローカル線に乗り換えてまだ3時間以上かかる。東京から列車を乗り継いで帰省すると言うと、「どうして飛行機にしないの?」とみんな不思議がる。「鉄道で1日がかりで帰るのが旅みたいで好きなんだ。俺んち駅前だから駅から徒歩0分だし」と答えてきたが、実は飛行機に一人で乗るのが怖いのだ。実家は駅前で食堂を営んでいるので、飛行機で家族旅行をするなんてことは一度もなかった。結局、飛行機に乗ったのは修学旅行の時だけで、耳が痛くて脂汗をかき、ひたすら耐えていたことしか覚えていない。

はまなす利用だと、食堂が忙しくなる前に実家に着くのも都合が良かった。母親は決まって大盛りのカレーライスを用意してくれて、食べている間、延々と続く母親からの質問攻撃に、そっけない返事をして怒らせる。そんな些細なことが、なによりくつろげた。しかし今回ばかりはそれが気まずい。「ただいま」の後、何と言ったらいいのだろう。

5年前、抱えきれないほどの夢をカバンに詰めて、東京へ出た。それ以来、列車で往復してきた。でも今回は片道切符。あんなに憧れた都会にギブ

アップして、あんなに嫌いだった田舎に戻るのだ。

　列車の窓から見慣れた景色が見えてきた。5月の初め、左右に広がる畑は定植が終わり、色鉛筆で塗ったような薄い緑色に染まっている。一部分だけ、まだ茶色のままの畑が見えてきた。リョウタの畑だ。

「やっぱり、相変わらずだな」と溜息をついた。リョウタは子どもの頃から何をやっても人一倍遅いのだ。宿題も、工作も、掃除も、給食当番も。みんなを待たせて謝ってばかりだったが、決して焦ることはなかった。そして、誰よりも美しい仕事をした。その出来栄えは誰もかなわなかったから、そのうち彼を急がせる人はいなくなった。

　車窓が田園風景から住宅街へと変わる辺りに、ひときわ目立つ建築会社がある。建物のわりに看板がやたらと大きいのだ。これがひどく趣味の悪いデザインなのだが、社長の手描きなので誰も文句が言えない。これが見えてくると、良くも悪くも、故郷に帰ってきたことを実感する。

「こっちも、相変わらずだな」と溜息をついた。社長の愛車はベンツだが、タイヤのホイールをニコちゃんマークにしている。黄色にスマイル顔のアレだ。一体どういうセンスをしているのか。でも、社長はとても面倒見がよく、地域のお祭りや行事では必

千歳線｜北広島〜島松　Kita-Hiroshima - Shimamatsu

ず先頭に立って働くしお金も出す。実際、僕も子どもの頃にずいぶんお世話になったものだ。

列車が減速を始め、実家のある無人駅が近づいてきた。もぞもぞと降りる準備をしながら外を見た。食堂は早くも混んでいるようで、駐車場にたくさんの車が見える。ホッとした。忙しい両親の前を通り過ぎて、さっさと2階の自分の部屋に上がってしまおう。ただの時間稼ぎにしかならないのはわかっているけど、まだ「ただいま」の次の言葉が思いつかないから。

駅で降りたのは僕一人だった。5年前は、見送りに来てくれたたくさんの友人がいた。「お前なら東京でも活躍できる」と、みんな言ってくれたし自分もそう信じていた。東京に出てしばらくは連絡を取り合っていたが、うまくいかなくなった頃から距離をおいてしまった。期待に応えられない自分を知られたくなかったのだ。駅から徒歩0分が自慢だったけど、その数十歩が重い。駐車場の車は道路にまであふれている。ずいぶん混んでいるな、と思った瞬間、足が止まった。知ってる車ばかりじゃないか。同級生の軽トラ、幼馴染のスクーター、ニコちゃんベンツ…そして、壁には奇抜な手描きの垂れ幕がかかっている。

「歓迎会につき本日貸切」

その時、反対側からリョウタが歩いてくるのが見えた。きれいなブルーの大きな球体のものを大事そうに抱えている。立ちすくんでいる僕に気づき、ちょっと困ったような顔をした。

「何？そのまるいやつ」

「これ、サプライズのくす玉。お前が帰ってきたところで割ろうってことになってて」

「俺より遅く来たんじゃサプライズにならないだろ」

「そうだよね。ごめん」

「ったく、相変わらずだな」

めまぐるしく変化し続ける都会に比べて、何も変わっていない愛すべきこの街。厨房の窓から漂うカレーのいい匂いが、しんどかった5年間を溶かしていく。工芸品のように美しいくす玉が、ぼやけて見えてくるのを必死でこらえようと大きく息を吸い込み、叫んだ。

「ただいまー！」

大声が風に乗って町じゅうへ届く気がした。僕は最後の10歩を跳ねるように進み、入口の引き戸を力いっぱい開けた。

千歳線｜北広島〜島松　Kita-Hiroshima - Shimamatsu

函館本線｜札幌〜苗穂 Sapporo - Naebo

時刻表

2015年頃

上り		
22:00	札幌 *Sapporo*	6:07
22:11 22:11	新札幌 *Shin-Sapporo*	5:55 5:55
22:36 22:36	千歳 *Chitose*	5:30 5:29
22:40 22:41	南千歳 *Minami-Chitose*	5:25 5:24
23:03 23:04	苫小牧 *Tomakomai*	5:01 5:01
23:35 23:35	登別 *Noboribetsu*	-- --
23:50 23:52	東室蘭 *Higashi-Muroran*	4:17 4:15
0:17 0:17	伊達紋別 *Datemombetsu*	-- --
1:03 1:03	長万部 *Oshamambe*	3:08 3:07
2:52 3:22	函館 *Hakodate*	1:23 0:44
5:39	青森 *Aomori*	22:18
		下り

はまなす

HAMANASU

運転期間 ： 1988年～2016年

運転区間 ： 青森～札幌間（475.2km）

所要時間 ： 約7時間30分

主な編成 ： 普通車指定席「ドリームカー」
普通車指定席「のびのびカーペットカー」
普通車自由席
開放式B寝台

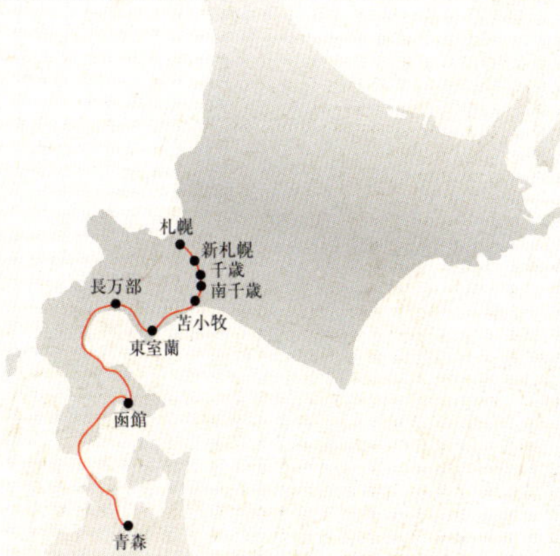

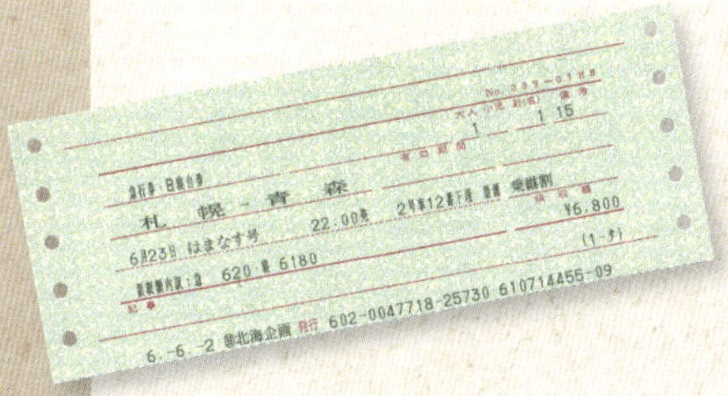

CHAPTER 5 夜汽車の記憶

Memories of Night Train

時を超え郷愁の旅路へ

北の大地を静かに駆け抜けた3つの夜行列車たち

かつて北海道三大夜行急行と呼ばれる夜行列車があった。
「利尻」——厳かな山々を映し、夢の中へと誘う列車。
「大雪」——その姿を「オホーツク」と改め、凍てつく風を背にして進む列車。
そして「狩勝」——その名を「まりも」と変え、やさしく旅人を包み込む列車。
これらは単なる移動手段ではなく、若者たちの心を揺さぶる旅路の象徴であった。

Nostalgic Night Train

根室本線｜音別〜白糠　Ombetsu - Shiranuka

●1989年2月／宗谷本線 名寄(Wada)

●1989年2月／宗谷本線 稚内(Wada)

数年にわたり最北の稚内へ通い詰めたが、
国鉄から JR に変わっても利尻岳の全容を
拝むことは叶わなかった。
それでも諦めずに足を運び続け、
遂にその瞬間が訪れた。
朝の光が降り注ぎ、残雪を抱いた利尻岳が
静かに姿を現す中、
美しい編成の 14 系夜行急行「利尻」が
走り抜けていった。

●1989年2月／札幌(Ina)

夜行急行「利尻」

Night Express "Rishiri"

●1989年5月／宗谷本線 抜海〜南稚内（Wada）

北海道三大夜行急行（晩年は特急化）と呼ばれる夜行列車があった。「利尻」、「大雪」（1992年から「オホーツク」）、「狩勝」（1981年から「まりも」）の三列車である。SLブームとなった1960年代からチャレンジ2万キロやバックパッカーでの旅行が流行した1980年代まで、当時存在した周遊券で追加料金無しで乗車できるこれら夜行急行は、最も安価な宿という位置づけで、特に若者に人気が高かった。また、道内での観光、帰省、ビジネス利用などの日常使いも多くあった。

しかし、1988年に青函連絡船が廃止、標津線、池北線、名寄線、天北線などのローカル線の長大路線が1989年に廃線となり、北海道での列車旅も少しずつ遠のいていった。これらの夜行急行も特急気動車化や臨時化を経て2008年までに廃止となっている。既に廃止から17年、全盛期から約四十年が経過しているが、過去を思い起こす際に、この北海道三大夜行急行で旅した思い出を語れる人は一定数存在するのではないだろうか。

またこの過去の人気から、2012年7月に「急行北海道一周号」と称して「大雪」「狩勝」を、時期をずらして「まりも」を復活運転させている。高性能のデジタルカメラが使用できるようになったこの復活運転の模様を含め、北海道三大夜行急行を振り返ってみたい。

夜明け前の静寂に包まれた朝、
そっと宿を後にした。
澄んだ空気が頬を撫で、
かすかな緊張感が心を満たす。
やがて、夜を貫いて走り続けた
急行「大雪」がカーブを描いて、
私の前に姿を現した。

●1985年3月／石北本線 女満別～呼人（Ina）

夜行急行「大雪」

Night Express "Taisetsu"

●1989年2月/札幌(Ina)

●1986年7月／石北本線 女満別～呼人(Ina)

夜行急行（特急）「まりも」

Night Express (Limited Express) “Marimo”

パシクル沼に朝もやがたなびき

柔らかな白いベールに包まれるような幻想的な朝が訪れた。

静かに息づく大自然の中で

時が止まったかのような感覚にとらわれる。

終着の釧路まであと一歩。

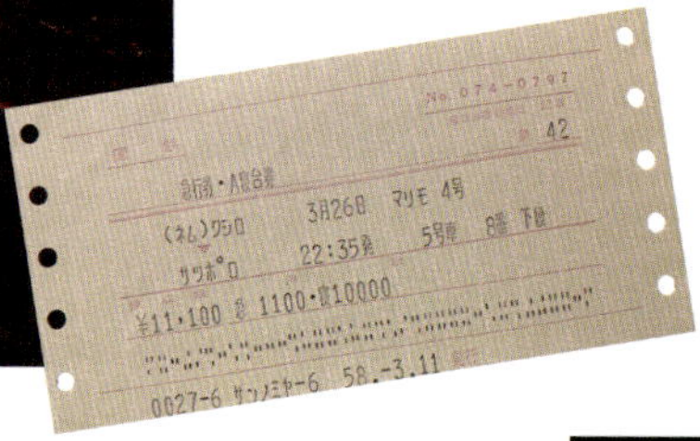

●1983年3月／根室本線 釧路（Saka）
「急行まりも」4号 414レ 釧路22：35発、札幌6：25着
静かに旧型客車が出発を待つ

●2004年5月／根室本線 厚内～音別「特急まりも」

●2004年4月/根室本線 音別～白糠「特急まりも」

●1989年2月/札幌(Ina)

● 2012年7月／根室本線 落合～新得／急行「まりも」…往路は石勝線回りの夜行で、帰路は根室本線滝川回りの昼行となった（写真上）
● 2012年7月／根室本線 野花南～富良野／急行「狩勝」… 現役当時同様、根室本線滝川回りでの運行となった（写真下）

● 2012年7月／釧網本線 浜小清水～北浜／急行「大雪」
現役当時は網走～札幌であったが、
この時は釧路～網走～札幌の昼行運行となった

北海道三大夜行急行と共に旅した思い出を胸に刻む人々は、今も存在している。懐かしさに包まれた2012年、列車たちは再び線路に戻り、「大雪」と「狩勝」は「急行北海道一周号」としてその姿を現し、「まりも」もまた時を超えて甦った。

全国的にも既に貴重となっていた機関車牽引の客車列車をデジタルカメラで捉えたその瞬間は、時を超え、遠い日の風景を鮮やかに甦らせた。

夜行急行利尻
RISHIRI

運転期間	：	1958年～2006年
運転区間	：	札幌～稚内間 (396.2km)

夜行急行大雪
TAISETSU
※のちに「オホーツク」

運転期間	：	1951年～2006年
運転区間	：	札幌～網走間 (374.5km)

夜行急行まりも
MARIMO
※前身は「狩勝」

運転期間	：	1951年～2007年
運転区間	：	札幌～釧路間 (348.5km)

CHAPTER 6 夜汽車の記憶

Memories of Night Train

夜汽車は北の大地を離れて

最後まで運行していた4つの夜行列車はいずれも道本間を結ぶ夜行列車だった——

上り列車で目覚めると、旅する気持ちの高まりを感じながら、本州の車窓風景を見入ることになる。下り列車では北海道に入ってから朝を迎え、帰ってきたという安堵と共にモーニングコーヒーをいただく。

このチャプターでは、本州で快走する、これら夜行列車の選び抜かれた風景を、終着駅であった上野と青森の情景と共に振り返りたい。

Away From Hokkaido

東北本線｜豊原〜白坂　Toyohara - Shirasaka

北陸本線｜東滑川〜魚津　Higashi-Namerikawa - Uozu

ファインダー越しに広がる
風に揺れる
チューリップの花たち

それはまるで
静かに走り去る列車への
言葉なき見送りのよう

咲き誇る花々も
芽吹く木々の青さも
そしてその瞬間を過ごす乗客も
二度と同じ景色としては
再現できないだろう

最初で最後の「一瞬」
もう二度と来ない「今日」
その大切さを
この風景は
そっと教えてくれる

上野駅

Ueno Station

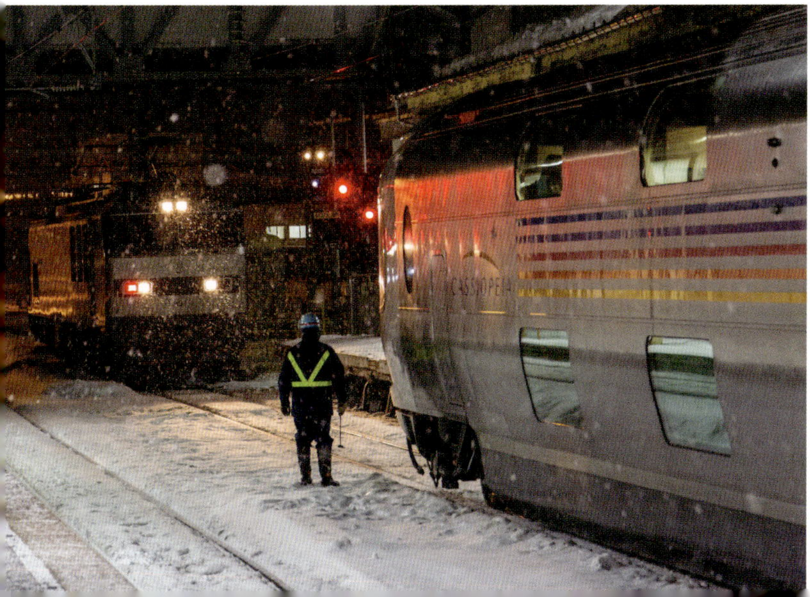

青森駅

Aomori Station

東北本線｜須賀川～安積永盛　Sukagawa - Asakanagamori

水鏡のように澄んだ水田は
ありのままの景色を
静かに映し出す

列車が駆け抜けても
水面は揺れることなく
静寂閑雅な美しさを
湛えている

すみれ色に染まる
薄暮の空が
ゆっくりと夜の帳を
降ろしてゆく

列車は北へ　北へ
ライラックが
咲き誇る街を目指して——
この旅は　まだ続いていく

あとがき

鉄道を題材とした撮影を始めてから、四十年以上が経過した。北海道の鉄道は大自然の中を走り、その風景は自然の美しさだけではなく、列車との調和によって、旅情や郷愁、そして深い情緒を感じさせてくれる。

私が撮影しているのは、正に両者が一体となった「鉄道風景」。本誌のテーマである夜行列車には特別な魅力がある。長い長い夜を抜けて走る姿は、まるで物語の一場面のよう。二本の長く続く線路の上を長編成の夜行列車が走り抜け、そして二つの赤いテールランプが徐々に小さくなる。静かな朝には列車のジョイント音が「カタン、カタン」と聞こえる。その音は山肌に反響し、遠くへ走り去っても微かにずっと…。線路の先にある目的地のことや、まだ見ぬ景色を想像し、更には未来のことをも思い描く。そうした心揺さぶる時間でもある。

夜行列車の織りなす風景、そしてその中で交わされた思いや感情は、この先、二十年、三十年経っても変わることなく私たちの心に、そして記憶に刻まれ続けることだろう。

Katsuhisa Bansho

番匠 克久 プロフィール

1965年生まれ	北海道札幌市在住　兵庫県出身
1987年	関西学院大学卒業

◉著作（写真集）

2006年	『汽憶』エムジー・コーポレーション
2017年	『汽憶Ver. 2』エムジー・コーポレーション
2021年	『日高線の記憶』北海道新聞社
2022年	『絶景 北海道の鉄道』編著 北海道新聞社
2023年	『留萌線の記憶』北海道新聞社
2024年	『根室線の記憶 富良野～新得間 空知川に沿って』北海道新聞社

リコーイメージングスクエア新宿・大阪、富士フイルムフォトサロン札幌、道新プラザDO-BOXなどで個展開催

「レイルマガジン」「鉄道ファン」「鉄道ジャーナル」「Jトレイン」「旅と鉄道」「月刊カメラマン」「フォトコン」等雑誌掲載

道内で詩情あふれる鉄道風景を撮影している